Markus Pohl

Sieger von Mühlberg und Ahnherr Europas?

Kaiser Karl V. als Briefmarken- und Münzmotiv.

Wie eine politische Idee sich auf Briefmarken durchsetzt

Bibliografische Information der Deutschen Nationalbibliothek:
Die Deutsche Nationalbibliothek verzeichnet diese Publikation in der Deutschen
Nationalbibliografie; detaillierte bibliografische Daten sind im Internet über
dnb.dnb.de abrufbar.

Copyright

© 2022 Markus Pohl, Meschede

Herstellung und Verlag: BoD – Books on Demand,
Norderstedt".
ISBN 9783756855551

Markus Pohl

Sieger von Mühlberg und Ahnherr Europas?

Kaiser Karl V. als Briefmarken- und Münzmotiv.

Wie eine politische Idee sich auf Briefmarken durchsetzt

Von Karl dem Großen zu Karl V. – Erinnerungspolitik nach 1945

Nach dem Zweiten Weltkrieg wurde in christlich-konservativen Kreisen Karl der Große als Vorbild für die Europäische Einigung präsentiert und populär gemacht.[1]

Dabei bezog man sich auf die schon in den zeitgenössischen Lebensbeschreibungen Karls verwendete Bezeichnung „pater europae". Die Karlsrezeption erlebte nach 1945 eine neue Ausrichtung. Hatte sich in der Schlussphase des Zweiten Weltkrieges noch Adolf Hitler auf Karl berufen[2], wurde nun in Karl die Leitfigur des christlich-europäischen Abendlandes gesehen und er zur Symbolgestalt für ein westlich-transnationales Europa stilisiert. Deutlich zum Ausdruck kommt dies in der Begründung des jährlich in Aachen verliehenen Europäischen Karlspreis. Karl der Große war für die Begründer dieses Preises jedoch mehr als nur ein Namensgeber. Mit der Bezeichnung "Karlspreis" wurde auch die Idee des

---

1   Georg Paul Hefty: Der Internationale Karlspreis zu Aachen, in: Pim den Boer, Heinz Duchardt, Georg Kreis, Wolfgang Schmale: Europäische Erinnerungsorte 2. Das Haus Europa, München 2012, S. 83-88.

Auf Briefmarken wurde an Karl den Großen nach 1945 z. B. auf Briefmarken in der französischen Besatzungszone/Rheinland-Pfalz, von der Deutschen Post, in Frankreich, Andorra, dem Vatikan oder Kroatien erinnert.

2   Johannes Fried: Karl der Große. Gewalt und Glaube, München 2013, S. 617-625.

christlichen Abendlandes in die Gründungsproklamation für die Auszeichnung aufgenommen, und zwar in einem doppelten Sinne: Einerseits rückblickend auf das Karolingische Reich als Sinnbild für die Einheit von Grundwerten und Regeln in Sprache, Währung, Verwaltung, Religion, Kultur und Gesetzen. Andererseits fungierte die Idee des christlichen Abendlandes als Leitgedanke für die künftige politische und wirtschaftliche Einigung Europas in Konfrontation zum kommunistischen dominierten östlichen Europa unter der Führung der Sowjetunion.

In den 1950er Jahren geschah nun Gleiches auch mit dem Kaiser des Reformationszeitalters, Karl V. (1500-1558).[3] Auch in Karl V. wurde vor allem in katholisch-konservativen Kreisen des letzten Kaisers einer noch nicht konfessionell gespaltenen mitteleuropäischen Christenheit gedacht, der um die Einheit im Glauben gerungen hat sowie des Kaisers, der die europäische Christenheit gegen das expandierende Osmanische Reich zu verteidigen suchte. In den strikt antikommunistischen Kreisen der Abendländischen Bewegung wurde dies auf die Frontstellung des Westens

---

3   Dieser Aufsatz geht auf einen Vortrag an der Universität Erfurt im Rahmen der Tagung „Gezähnte Geschichte – Die Briefmarke als historische Quelle" am 14. Oktober 2017 zurück. Siehe: https://projekte.uni-erfurt.de/gezaehnte_geschichte/programm/ und: Frankfurter Allgemeine Zeitung, 24.10.2017, Nr. 247, S. 14 „Viktoria fällt kein Zacken aus der Krone".

Mittlerweile sind Ergebnisse und weitere Forschungen zum Thema in der Publikation „Europa in der Tradition Habsburgs? Die Rezeption Kaiser Karls V. im Umfeld der Abendländischen Bewegung und der Paneuropa Union", Chemnitzer Europastudien (CES), Band 23, 2020 erschienen.

im Kalten Krieg gegen die Sowjetunion angewendet. Karl V., 1500 in Gent geboren, 1558 in Yuste in Spanien gestorben, mit habsburgischen, burgundischen und spanischen Vorfahren, mehrsprachig aufgewachsen und Herrscher über Burgund, Spanien, die habsburgischen Erblande und als Kaiser des Heiligen Römischen Reichs konnte als „wahrer Europäer" gedeutet werden.

Kaiser Karl V. als Ahnherr Europas?

Die erste Autorin, die den Kaiser als „Ahnherrn Europas" beschrieb, war Gertrude von Schwarzenfeld, böhmisch-katholische Adelige und Feuilletonistin der Wochenzeitung „Die Zeit". Gertrude von Schwarzenfeld legte 1954 „Kaiser Karl V. Ahnherr Europas" vor, eine Biographie des Kaisers, die einem Reisebericht durch Spanien gleicht. Schwarzenfeld sieht im Leben Karls V., seinem Versuch, die Einheit des christlichen Glaubens zu wahren, einen Ausgleich mit Franz I. und Frankreich zu erwirken und das „Abendland" gegen das expandierende Osmanische Reich zu einen und zu verteidigen, ein Vorbild für ein zusammenwachsendes Europa der 1950er Jahre. Zudem wird in ihrer Betrachtung des Spanischen Bürgerkriegs zum einen die beabsichtigte Einbeziehung des bis dahin isolierten Spaniens in das Europäische Einigungswerk deutlich, des Weiteren aber wir aber auch die Nähe und Sympathie für die autoritäre Politik Franco-Spaniens in den abendländischen Kreisen erkennbar. Karl V. als Integrationsfigur für Europa unter Einschluss der zu jener Zeit autoritär regierten und damit vom übrigen Europa ausgeschlossenen iberischen Halbinsel wird hier in Stellung gebracht und zeigt später, auch nach dem Ende der Franco-Zeit, seine Wirkung als Symbolfigur, der auf Briefmarkenausgaben in Spanien, Belgien und anderen Ländern gedacht wird. [4]

„Und es ist wohl kein Zufall, daß die Gestalt des letzten großen Kaisers des Abendlandes heute neue Würdigung erfährt: seine Person rückt uns nahe, weil heute die universale Idee in uns wiedererwacht; sein Scheitern ergreift uns, weil wir fühlen, daß er für ein Grundprinzip Europas kämpfte. Seine lebenslange Bemühung, das Umfassende und Allgemeine über das Selbstinteresse der Teile zu stellen, gewinnt für uns neue Bedeutsamkeit, gilt es doch heute Europa als Ganzheit zusammenzufassen und es erneut an die alten, die gemeinsamen, die christlichen Werte zu binden." (Schwarzenfeld, Karl V., S. 5)

Der Schweizer Diplomat und Historiker Carl Jacob Burckhardt legte im gleichen Jahr „Gedanken über Karl V."[5] vor, etwas später, 1959, „Karl V., der letzte europäische Kaiser"[6]. Auf dieses Werk bezieht sich dann 1967 ausdrücklich Otto von Habsburg in seiner Biographie „Karl V."[7], die später mit dem Untertitel „Kaiser für Europa"[8] veröffentlicht wurde. Otto von Habsburg (1912-2011)

---

4   Gertrude von Schwarzenfeld: Karl V. Ahnherr Europas. Hamburg 1954.

5   Carl Jacob Burckhardt: Gedanken über Karl V. München 1954.

6   Carl Jacob Burckhardt: Karl V., der letzte europäische Kaiser, in: Universitas 2/1959, S. 123-134.

7   Otto Habsburg: Karl V. Wien 1967.

8   Otto von Habsburg: Karl V. Kaiser für Europa. München 1990.

war der Sohn des letzten österreichischen Kaisers und Königs von Ungarn, Karl I. und dessen Frau Zita von Bourbon-Parma. 1973 übernahm Otto von Habsburg den Vorsitz der Paneuorpa-Union von Richard Coudenhove-Kalergi. Von 1979 bis 1989 war Otto von Habsburg Abgeordneter im Europäischen Parlament. Im August 1989 waren Otto von Habsburg und die Paneuropa Union die Veranstalter des sogenannten Paneuropa Picknicks in Sopron (Ödenburg), einer Veranstaltung, die an der Grenze von Ungarn zu Österreich zu einer Massenflucht von DDR Urlaubern aus Ungarn über Österreich in die Bundesrepublik führte.

Neben Burckhardts Werk bezieht sich Otto von Habsburg auch auf seinen akademischen Lehrer von der Universität Löwen, Charles Terlinden, der 1965 „Carolus Quintus: Empererur des Deux Mondes"[9] vorgelegt hatte, 1978 in deutscher Sprache als „Kaiser Karl V. Vorläufer der europäischen Idee".[10] Otto von Habsburg hat in seinem 1986 erschienenen Werk „Die Reichsidee" verschiedene Kaiser als Leitbilder für das Europa der Gegenwart interpretiert:

„Karl der Große, Karl IV. und Karl V. sind wohl die bedeutendsten Ahnherren des Europa von morgen. Karl der Große bildet die unverzichtbare Verbindung zwischen den Franzosen, die nach den Karolingern einen nationalen Sonderweg gingen, und der reichischen Idee einer übernationalen Gemeinschaft. Der böhmische

---

9   Charles Terlinden: Carolus Quintus. Empereur des Deux Mondes. Brüssel 1965.

10   Charles Terlinden: Kaiser Karl V. Vorläufer der Europäischen Idee. Zürich 1978.

Luxemburger Karl IV. erneuerte nicht nur das Sacrum Imperium, er ist auch die Brücke nach Osten, vor allem zu den Slawen. Die Idee eines Orbis Europaeus Christianus, wie sie Karl V. verfocht, hat, anders als damals, inzwischen alle europäischen Völker erfaßt. In Karl V. fließen deutsche und italienische, französisch-burgundische und niederländisch-burgundische sowie iberische Geistesströme zusammen. Er und seine großen Vorgänger sind daher viel zeitgemäßer als die Anhänger der nationalistischen Kleinstaaten des 19. und 20. Jahrhunderts. Außer der übernationalen Idee bringt das versunkene Kaisertum noch einen andren wesentlichen Gedanken ins 21. Jahrhundert ein: Das ist die Vorstellung vom Vorrang der richterlichen Funktion gegenüber der ausübenden und der gesetzgebenden Gewalt."[11]

Die genannten Autoren sind in konservativen Intellektuellen Kreisen zu verorten, wie sie sich auch in der „Abendländischen Bewegung"[12] der 1950er Jahre finden und die nach konservativen Vorbildern für die Gesellschaftspolitik ihrer Zeit suchten. Bis zum Ende der 1950er Jahren waren in der Abendländischen Bewegung Vertreter von CDU, CSU und FDP sowie der christlichen Kirchen und der Heimatvertriebenen zu finden. Der Einfluss dieser Abendländischen Bewegung auf die Politik ist umstritten; die

---

11   Otto von Habsburg, Die Reichsidee, Wien 1986, S. 35 f.

12   Dazu: Johannes Großmann: Die Internationale der Konservativen. München 2014.

    Vanessa Conze: Das Europa der Deutschen. Ideen von Europa in Deutschland zwischen Reichstradition und Westorientierung (1920-1970), München 2005.

Organisationen wie die Zeitschrift „Neues Abendland" und die „Abendländische Akademie" verloren zunehmend an Bedeutung; später gingen die Vereinigungen in der Paneuropa Union und dem spanischen „CEDI" (Europäisches Dokumentations- und Informationszentrum) auf.

Mit Ausnahme von Burckhardt stammten die Autoren aus aristokratisch-katholischen Familien; Terlinden gehörte dazu auch dem habsburgischen Orden vom Goldenen Vlies an. Otto von Habsburg hielt 1958 in Salamanca die zentrale Festrede zu den spanischen Gedenkfeiern zum 400. Todestag Karls V. im bis dahin isolierten Franco-Spanien.[13]

Die genannten Autoren verbindet der Gedanke, in Karl V. einen Vorläufer der Europäischen Idee zu sehen. Von Historikern wie Rassow[14], Wohlfeil[15] und Kohler[16] wurde diese Idee einer Vorbildfunktion Karls V. für die Europapolitik des 20. Jahrhunderts wiederholt kritisiert und abgelehnt.

---

13   Otto von Österreich: Der Kaiser, in: Neues Abendland 2/1958, S. 98-109.

14   Peter Rassow: Karl V. Der Kaiser und seine Zeit. Köln 1960, hier S. 1-17.

15   Rainer Wohlfeil: Kaiser Karl V. Ahnherr der Europäischen Union? Überlegungen zum Verhältnis von Geschichte und Tradition, in: Norbert Fischer (Hg.): Außenseiter zwischen Mittelalter und Neuzeit. Festschrift für Hans-Jürgen Goertz zum 60. Geburtstag, Leiden 1997, S. 221-242.

16   Alfred Kohler: Karl V. 1500-1558. Eine Biographie. München 1999, S. 371.

„Anläßlich des Jubiläums von 1958 hat Peter Rassow sich dagegen ausgesprochen, daß Karl V. als Symbolfigur sowohl für die Europaidee als auch für die Idee der Hispanidad in Anspruch genommen wurde… Ausgerechnet Mühlberg als Symbol des kaiserlich-spanischen Sieges über die Protestanten? Ist dafür im heutigen Europa überhaupt Platz? … Es ist jedenfalls auffällig, daß sowohl in Belgien als auch in Spanien Identitäts- und Traditionsstiftungen bis heute auf Karl V. in einer Weise bezogen werden wie nirgendwo sonst in Europa. Man kann Rainer Wohlfeil nur beipflichten, wenn er hofft, daß diese Art von Legendenbildung, um Tradition für ideologische Zwecke zu vereinnahmen, nicht wie bisher fortgesetzt und sich im Jahr 2000 wiederholen wird."[17] Das Jahr 2000 mit dem 500. Geburtstag Karls V., den Feierlichkeiten in Spanien, der großen Karls-Ausstellung in Belgien, Spanien, Deutschland und Österreich und auch die verausgabten Sonderbriefmarken zeigten aber die neuerliche europa-politische Erinnerung an Karl V.

Kaiser Karl V. als Briefmarkenmotiv

Dieses Bemühen, an Karl V. populär und mit Breitenwirkung zu erinnern und damit an einem Erinnerungsort, auch einem Europäischen Erinnerungsort, Karl V. zu arbeiten, zeigte sich gleichwohl an den zum 500. Geburtstag von den staatlichen Postverwaltungen herausgegebenen Sonderbriefmarken für Karl V.;[18] Belgien und

---

17   Ebd.

18   Abbildungen zu den Briefmarken, Münzen und Banknoten finden sich im Anhang.

Spanien als die Länder, in denen Karl V. geboren wurde und starb und über die er als Herzog von Burgund und als Carlos I. als König herrschte, gaben eine bildgleiche Serie mit drei Werten heraus, die in den Einzelwerten Karl V. als Großmeister des Goldenen Vlies und im Alter von 40 Jahren zeigten, in der Blockausgabe zu Pferde nach der Schlacht bei Mühlberg, im Hintergrund die Weltkarte *Typus Orbis Terrarum* von Ortelius, wohl als Hinweis auf die Herrschaft Karls V. auch über die außereuropäischen Gebiete und die Idee des Weltenherrschers.[19] Spanien verausgabe zum 500. Geburtstag Karls V. im Jahre 2000 auch zwei Gedenk-

---

19   Für Spanien: Michel Nr. 3530-3532, für Belgien Michel Nr. 2938-2940.

    Spanien verausgabte im Jahre 1989 auch eine 5 ECU Silbermünzprägung mit dem Motiv Karl V. nach der Schlacht bei Mühlberg. Österreich gab 1992 eine 100 Schilling Gedenkmünze mit dem Abbild Karls V. als offizielles Zahlungsmittel heraus; auf der Rückseite sind Philipp II. und Ferdinand I. abgebildet. Vgl. hierzu: Rainer Wohlfeil: Kaiser Karl V. Vom burgundischen Ritter zum Ahnherren Österreichs, in: Bildnis und Image. Das Portrait zwischen Intention und Rezeption, Hg. von Andreas Köstler und Ernst Seidl, München 1998, S. 163-178.

    Belgien verausgabte bereits 1987 ECU Medaillen mit dem Bild Karls V.

    Wolfgang Schmale hielt die Darstellung irrtümlich für Karl den Großen, siehe: Wolfgang Schmale: Visualisierungen Europas. Ein historischer Überblick, in: Vrääth Öhner/Andreas Pribersky/Wolfgang Schmale/Heidemarie Uhl (Hg.): Europa-Bilder, Innsbruck 2005, S. 1-34, hier S. 28.

münzen zu 2000 Pesetas mit dem Kopfbildnis des Kaisers und zu 5000 Pesetas mit dem Wappen Karls V.[20]

Die Schlacht bei Mühlberg ist ein Ereignis im Schmalkaldischen Krieg,[21] den die kaiserlichen Truppen gegen den Schmalkaldischen Bund, ein Bündnis protestantischer Landesfürsten und Städte unter der Führung von Kursachsen und Hessen, führten. Bei Mühlberg an der Elbe gelang den kaiserlichen Truppen unter Karl V. am 24. April 1547 der entscheidende Sieg. Nach Kohler wurde dieser Krieg nicht nur mit großem militärischem Aufwand betrieben, sondern auch mit einem beträchtlichen propagandistischen Aufwand.[22] Das Gemälde des Kaisers nach der Schlacht bei Mühlberg von Tizian kann als Teil dieser kaiserlichen Propaganda betrachtet werden.

Herbert von Einem bezweifelte zwar, dass es sich bei dem Gemälde um den Kaiser „nach der Schlacht bei Mühlberg" handele; es sei kein Historienbild und über die Formulierung des Auftrags und seine Bestimmung sei nichts bekannt.[23] Allerdings wollte Karl V. sich in der Rüstung und auf dem Pferde, deren er sich bei der Schlacht bei Mühlberg bedient hatte, abgebildet werden.[24] Wenn es

---

20   Rainer Wohlfeil, Spaniens Geschichte im Spiegel von Münzen und Banknoten, Hamburg 2010, S. 254.

21   Vgl. Alfred Kohler, Karl V. Eine Biographie, S. 205 ff.

22   Vgl. Ebd., S. 301.

23   Herbert von Einem: Karl V. und Tizian, in: Peter Rassow (Hg.): Karl V. Der Kaiser und seine Zeit, Köln 1960, S. 74.

24   Ebd.

sich also auch nicht um ein Historiengemälde handelt und der Hintergrund des Bildes unbestimmt bleibt – von Einem vergleicht das Bild mit dem Übergang Caesars über den Rubicon[25] – so ist es doch zeitlich und von der Intention als Verherrlichung des Sieges von Mühlberg zu verstehen. Carl Jacob Burckhardt führte in seinen *Gedanken über Karl V.* aus, dass Karl V. durch alle Zeiten reite, wie Tizian ihn gesehen habe, in „eisernem Ernst über das Schlachtfeld von Mühlberg".[26] Artur Rosenauer führte zum Jubiläumsjahr 2000 ebenfalls aus, dass Tizians Gemälde von 1548 „unsere Vorstellung vom Kaiser wie kein anderes Gemälde geprägt hat".[27]

Das Bild wurde ein Jahr nach dem Ereignis 1548 im Auftrag des Kaisers gemalt[28] und hat die beeindruckenden Ausmaße von 3,30 Meter mal 2,80 Meter; es zeigt den Kaiser als berittenen Herrscher

---

25   Ebd. S. 77.

26   Burckhardt, Gedanken über Karl V., S. 34.

27   Artur Rosenauer, Karl V. und Tizian, in: Alfred Kohler u.a. (Hg.): Karl V. 1500-1558. Neue Perspektiven seiner Herrschaft in Europa und Übersee, Wien 2002, S. 61.

28   Vgl. hierzu: Johannes Süßmann, Vom Ritter gegen Tod und Teufel über den Glaubensstreiter zum Kavalier. Zum Wandel der Adelsbilder in der frühen Neuzeit, in: Peter Scholz und Johannes Süß-mann (Hg.): Adelsbilder von der Antike bis zur Gegenwart, München 2013, S. 85-98, hier S. 90.

in Lebensgröße und bildet den politisch-militärischen Sieg Karls V. über die protestantischen Gegner ab.[29]

Da die Schlacht am 24. April 1547 stattfand und das Fest des Heiligen Georg am 23. April eines Jahres gefeiert wird, ist der Bezug zum Heiligen Georg als einem Schutzpatron von Rittern und Schützen besonders auffällig; da Karl V. Herrscher Spaniens war, fällt auch die Ähnlichkeit mit Darstellungen des Heiligen Jakobus als Matamoros, so zum Beispiel in dessen Grabeskirche in Santiago de Compostela in Spanien, auf.[30]

Der Kaiser trägt auf Tizians Gemälde die Schärpe und den Orden vom Goldenen Vlies als einzige heraldische Zeichen. Tizian lässt

---

29   Vgl. Reinhold Baumstark: Das Nachleben der Reiterstatue. Vom caballus Constantini zum exemplum virtutis, in: Detlev von der Burg, Giorgio Accardo u.a.: Marc Aurel. Der Reiter auf dem Kapitol. München 1999, S. 78-115. Und: Norbert Schneider: Porträtmalerei. Hauptwerke europäischer Bildniskunst 1420-1670, Köln 1994, S. 124-127.

30   Im Worcester Art Museum/USA wird ein Gemälde aus der Schule von Antwerpen, um 1530, gezeigt, dass „Karl V. zu Pferde" zeigt, nach dem Vorbild von *König Sapor von Persien demütigt Valerian*. Siehe: http://vps343.pairvps.com:8080/emuseum/view/objects/asitem/search @/3/title-desc?t:state:flow=7790e2dc-3e80-492c-9be2-fdad47580129, aufgerufen am 2.8.2016.

        Jan van Herwaarden, Universität Rotterdam, deutet dieses Bild als „Kaiser Karl V. als Matamoros", siehe: Jan van Herwaarden: The Emperor Charles V as Santiago Matamoros, in: Peregrinations: Journal of Medieval Art & Architecture, London 2004, Vol. III/No. 3, S. 83-106.

Karl V. hier als burgundischen Ritter erscheinen.[31] Das Gemälde Tizians ließ Karl V. seiner Schwester Maria von Ungarn nach Brüssel senden; Philipp II., Karls Sohn, ließ es nach Madrid bringen; heute hängt es im Prado Museum in Madrid.[32] Als Konrad Adenauer 1967 Spanien besuchte und sich mit General Franco traf, besuchte er auch den Prado und betrachtete das Tizian-Gemälde. Im Auftrag Francos wurde Adenauer eine Replik des Säbels Karls V. überreicht, die sich heute im Konrad-Adenauer-Haus in Rhöndorf befindet. Karl V. wurde bei diesem Besuch als verbindende Person zwischen Deutschland und Spanien und für die Europäische Einigung inszeniert.[33]

Briefmarken, Münzen und Banknoten sind Gebrauchsmedien[34], die in einem sekundären Charakter auch politische Botschaften übertragen; ihre primären Funktionen sind das Bezahlen bzw. Freimachen von Briefsendungen zur Beförderung. Allerdings sind Briefmarken, Münzen und Banknoten Gebrauchsmedien mit einem offiziellen Charakter, da diese in der Regel im Auftrag des Staates herausgegeben und gestaltet werden. Der Staat hat bei der Herausgabe und Gestaltung eine Monopolstellung, sofern die

---

31   Süßmann, Vom Ritter gegen Tod und Teufel, S. 92. Siehe auch: Otto von Habsburg: Ein Kampf um Österreich, S. 103.

32   Vgl. Johannes Süßmann, Vom Ritter gegen Tod und Teufel, S. 90.

33   Anneliese Poppinga, Adenauers letzte Tage, S. 96.

34   Alexander Hanisch-Wolfram: Postalische Identitätskonstruktionen, Frankfurt/Main 2006, S. 269.

Postverwaltungen nicht privatisiert sind. Daher bieten die staatlich herausgegebenen Briefmarken und Münzen die Möglichkeit zur politischen Propaganda (wie zum Beispiel zur Zeit des National-sozialismus in Deutschland und den besetzten Gebieten), aber auch in demokratisch verfassten Staaten die Möglichkeit, eine offizielle oder staatlich gewollte Sichtweise auf historische Ereig-nisse, Gestalten und Jubiläen zu vermitteln.

Daher kann man in der Gemeinschaftsausgabe aus dem Jahre 2000 in Belgien und Spanien die Absicht erkennen, Karl V. als eine verbindende historische Persönlichkeit für diese beiden Länder zu sehen. Gemeinschaftsausgaben von Briefmarken zweier Staaten zu besonderen Anlässen sind selten und betonen daher die Gemein-samkeit eines Jubiläums für beide Nationen.

Auch die Niederlande (hier zeigte ebenfalls einer der beiden Marken zu 80 Cent einen Ausschnitt aus Tizians Gemälde „Der Kaiser nach der Schlacht von Mühlberg"!) und Luxemburg ehrten Kaiser Karl V. im Jahre 2000 mit Sonderbriefmarken.[35]

Da Briefmarken sowohl als Quellen für das Selbstverständnis und die Selbstlegitimation von Herrschenden und Staaten dienen als auch den Versuch darstellen, ein bestimmtes Geschichtsbild darzustellen und zu popularisieren, zeigt sich in den Briefmarken-ausgaben, dass Karl V. in den genannten Ländern eine erinne-rungswürdige Gestalt darstellt; zwischen den Ländern Belgien und Spanien wurde Karl V. im Jahre 2000 auch als eine völkerver-

---

[35]   Abbildungen der Sondermarken im Anhang.

bindende Erinnerung angesehen.[36] Dass auch die Niederlande des Siegers von Mühlberg gedenken, mag da schon eher verblüffen. Der Ausschnitt aus Tizians Gemälde ist allerdings in einer Briefmarken-Blockausgabe nur eines von siebzehn abgebildeten Motiven, die das ganze Leben Karls V. bildlich anschaulich darstellen sollen.[37]

In Deutschland erschienen weder 1958 noch 2000 Sonderbriefmarken mit dem Bild Karls V. Erst 2016 ist eine Sondermarke mit dem Tizian-Gemälde Karls V. aus der Alten Pinakothek in München erschienen, allerdings um die Schätze deutscher Museen zu würdigen, weniger die Herrschaft Karls V.[38] In Mühlberg, dem Ort der Schlacht zwischen den kaiserlichen Heeren unter Karl V. und den protestantischen Fürsten wurde dazu auch ein Sonderstempel aufgelegt.[39]

Karl V. auf Münzen und Banknoten

Was über die Briefmarken-Ausgaben festgestellt wurde, gilt auch für die offiziellen Euro-Sonderprägungen. Zu Ehren von Karl V. und in Erinnerung an seinen Besuch in den Niederlanden vor 500

---

36   Vgl. Michael Sauer: Originalbilder im Geschichtsunterricht. Briefmarken als historische Quellen, in: Gerhard Schneider (Hg.): Die visuelle Dimension des Historischen. Hans-Jürgen Pandel zum 60. Geburtstag. Schwalbach/Ts. 2002. S. 161.

37   Abbildung des Blocks im Anhang.

38   Michel Katalog Deutschland, München 2017, Mi. Nr. 3227.

39   Sonderstempel im Anhang.

Jahren hat Belgien im Jahre 2015 eine 25-Euro-Goldmünze emittiert. Die Münze bildet auf der Rückseite ein Porträt des jungen Karls im Alter von ca. 15 Jahren ab, also zu jenem Zeitpunkt seines Besuchs in den Niederlanden. Die Umschrift lautet „CAROLUS V 1515–2015 • PLUS OULTRE". Die Vorderseite der Münze zeigt die Karte der EU-Mitgliedsstaaten, zwölf Europasterne, Währungsangabe und Ausgabejahr sowie die dreisprachige Staatsbezeichnung.[40] Spanien verausgabte bereits 2006 in der Reihe „Große Europäer" eine 10 Euro Münze und eine Goldmünze zu 200 Euro mit dem Abbild Kaiser Karls V.[41]

Spanische Sondermarken zum 400. Todestag Karls V. 1958

Bereits 1958, also in der Zeit Francos, wurde von der Spanischen Post eine Sonderbriefmarken-Serie zum 400. Todestag Karls V. mit acht Werten und vier verschiedenen Motiven herausgegeben.[42] Diese zeigen ein Jugendbildnis Karls, einen Ausschnitt aus Tizians Gemälde als Sieger von Mühlberg, einen weiteren Ausschnitt aus dem Tizian-Gemälde des sitzenden Kaisers und ein Porträt nach der Büste von Leone Leoni. In einem Staat wie dem Spanien

---

40   Bernard Gillard (Hg.): 500 jaar blijde intrede van Karel V. (1515 - 2015), in: Muntinfo, Het Magazine van de Koninklijke munt van België, Nr. 65, Brüssel, Mai 2015, S. 4.

41   Gerhard Schön: EURO-Münzkatalog. Die Münzen der Europäischen Währungsunion 1999-2015, Regenstauf 2015, S. 1083.

42   Michel Nr. 1121-1128 (Spanien). Siehe Abbildungen im Anhang.

Francos haben solche Briefmarken-Ausgaben eine programmatische Bedeutung. Sie entsprechen einem öffentlich verordneten Geschichtsbild, in dem Karl V. für Spanien nun nicht mehr wie zuvor als Herrscher „aus der Fremde" gesehen wurde, sondern die imperiale Größe Spaniens symbolisierte und zum Kanon der großen spanischen Herrscher gehörte.[43]

Die Änderung des Bildes Karls V. in der spanischen Geschichtspolitik während der Franco-Zeit zeigte sich bereits bei der Gestaltung der spanischen Banknoten. 1940 zierte das Kopfbildnis Karls V. aus Tizians *Sieger von Mühlberg*-Gemälde die 1000 Peseten Banknote[44]; bereits die autoritäre Regierung (1923-1930) Miguel Primo de Riveras (1870-1930) ließ 1926 eine 1000 Peseten Banknote mit dem Bildnis Karls V. (Carlos I.) herausgeben, auf der Rückseite ist das Eingangstor des Alcazar von Toledo zu sehen[45], so dass festzustel-

---

43   Vgl. Michael Sauer: Originalbilder im Geschichtsunterricht – Briefmarken als historische Quellen, in: Gerhard Schneider (Hg.): Die visuelle Dimension des Historischen. Hans-Jürgen Pandel zum 60. Geburtstag. Schwalbach/Ts. 2002. S. 158-167

44   Rainer Wohlfeil: Spaniens Geschichte im Spiegel von Münzen und Banknoten, Hamburg 2010, S. 231 und S. 236.

Wie oben schon genannt, nutzte das Spanien Francos 1958 den 400. Todestag Karls V. um auf verschiedene Weise an den Kaiser zu erinnern. Neben dem Festvortrag Otto von Habsburgs und den Sondermarken wurde zu diesem Jahrestag auch das in den napoleonischen Kriegen zerstörte Kloster Yuste wiederhergestellt und von Mönchen besiedelt.

45   Ebd. S. 206.

len ist, dass auch vor dem Bürgerkrieg dem Alcazar eine hohe symbolische Bedeutung für das spanische Geschichtsverständnis zukam, da Toledo nach der Eroberung durch die christlichen Truppen unter Alfonso VI. seit 1087 Residenz des Königreichs Kastilien war und es bis 1561 Hauptstadt Spaniens blieb.[46] Erst der Sohn Karls V., Philipp II. verlegte seine Residenz in das 71 km entfernte Madrid. Der Alkazar war auch bereits im Spanischen Erbfolgekrieg umkämpft. Im Spanischen Bürgerkrieg wurde der Alkazar von francistischen Truppen besetzt und verteidigt; diese Verteidigung des Alkazar 1936 wurde später zu einem politischen Mythos, den auch Gertrude von Schwarzenfeld in ihrem Buch über Karl V. mit verbreitet.[47]

Karl V. hat sich also zumindest in Belgien und Spanien – wie von Charles Terlinden als auch dem flämischen Europapolitiker Leo Tindemans[48] unterstützt – als europäischer Erinnerungsort durchgesetzt und wird bis in die Gegenwart gepflegt, wie man an den offiziellen Münzprägungen und Sonderbriefmarken erkennen kann. Dass dies auch in seinem von Tizian geprägten, konfessionell problematischen Bild als *Sieger von Mühlberg* geschieht, mag aus der deutschen Perspektive überraschen.

---

46   Vgl. Anton Dieterich: Zentral-Spanien. Kunst und Kultur in Madrid, El Escorial, Toledo und Aranjuez. Köln 1975, S. 115.

47   Gertrude von Schwarzenfeld, Karl V., S. 108-110.

48   Leo Tindemans: Habsburg und Europa, in: Walburga von Habsburg/Bernd Posselt: Einigen – nicht trennen. Festschrift für Otto von Habsburg zum 75. Geburtstag, Moers 1987, S. 82-84.

Wenn Karl V. auf Briefmarken oder Münzen nach dem Tizian Gemälde als Sieger von Mühlberg dargestellt wird, nutzen die Herausgeber also nicht nur ein berühmtes Gemälde eines herausragenden Künstlers, sondern auch ein katholisch-kaiserliches Schlachtengemälde, das den Sieger in einer konfessionell geprägten kriegerischen Auseinandersetzung zwischen deutschen Fürsten abbildet und in Erinnerung hält und einen gegen die unterlegenen Protestanten siegreichen katholischen Kaiser feiert.

Die Sondermarken aus dem Jahre 2000 als europapolitisches Bekenntnis

Gerade in der gemeinsamen Ausgabe Belgiens und Spaniens mit dem Motiv „Karl V. nach der Schlacht bei Mühlberg" nach dem bekannten Tizian-Gemälde zeigt sich, dass sich die europäische Bedeutung des Kaisers offensichtlich durchgesetzt hatte, auch mit einem konfessionell problematischen Bild wie dem Tizian-Gemälde. Auch die große Jubiläumsausstellung im Jahre 2000 wurde in Belgien, Österreich, Deutschland und Spanien gezeigt und stand unter dem Patronat der jeweiligen Könige und Präsidenten. Entgegen der Hoffnung von Alfred Kohler, Karl V. nicht als Proto-Europäer zu deuten[49], zeigen die Briefmarkenausgaben und die gemeinsame Ausstellung, dass die Idee, Karl V. als

---

49   Alfred Kohler: Karl V., S. 371.

Vorläufer der Europäischen Idee zu sehen, sich nach und nach durchgesetzt hatte.[50]

Ein weiteres Jubiläum im Jahre 2020 – 500 Jahre Krönung Kaiser Karls V.

Die europapolitische Bedeutung Karls V. und deren Darstellung auf Briefmarken geht auch über das Jahr 2000 hinaus. Aus Anlass der 500. Wiederkehr der Krönung Karls V. im Jahre 2020 fand nicht nur eine große Ausstellung in Aachen statt, sondern die Postverwaltungen Österreichs und Luxemburgs brachten 2019 diesmal eine bildgleiche Sonderbriefmarke als Gemeinschaftsausgabe zur Erinnerung an Karl V. heraus, mit Einblendung der Fahnen der Staaten, über deren Territorien Karl V. zu seiner Zeit herrschte. 51

---

50   Siehe auch: Heinz Schilling, Föderalismus und Mulit-Konfessionalismus als ungewolltes Erbe Kaiser Karls V. in deutscher Perspektive, in: Menschen und Strukturen in der Geschichte Alteuropas. Festschrift für Johannes Kunisch zur Vollendung seines 65. Lebensjahres, dargebracht von Schülern, Freunden und Kollegen. Hgg. Von Helmut Neuhaus und Barbara Stollberg-Rilinger, Berlin 2002, S. 100.

51   Abbildung ebenfalls im Anhang.

1. Briefmarken mit dem Abbild Karls V.

2.

Sonderbriefmarke Belgien 19.2.2000, Michel Nr. 2940, 500. Geburtstag Karls V., Detail aus Tizians Gemälde „Karl V. nach der
Schlacht bei Mühlberg" vor einer Landkarte „Typus Orbis Terrarum" von Ortelius.

Sonderbriefmarke Spanien 19.2.2000, Michel Nr. 3532, 500. Geburtstag Karls V., Detail aus Tizians Gemälde „Karl V. nach der Schlacht bei Mühlberg" vor einer Landkarte „Typus Orbis Terrarum" von Ortelius.

Sonderbriefmarken Belgien und Spanien, 19.2.2000, von links: Belgien Nr. 2938 und 2939, Spanien Nr. 3530 und 3531, Karl V. als Großmeister des Ordens vom Goldenen Vlies und Karl V. im Alter von 40 Jahren nach Corneille de Lyon, Ränder in den Nationalfarben, Belgische Werte auch in Euro-Währung.

Sonderbriefmarke Luxemburg 7.3.2000, Michel Nr. 1494, 500. Geburtstag von Kaiser Karl V., Abbildung nach einem Kupferstich von Lucas Emil Vorsterman.

Sonderbriefmarken Niederlande 4.1.2000, Michel Nr. 1174 und 1775, Block Nr. 63. 500. Geburtstag von Kaiser Karl V.,

Die Bilder zeigen, jeweils mit römischen Jahreszahlen, von links gesehen:

Zierstück links: Dom zu Aachen, Jugendbildnis Karls V. und Luther vor dem Reichstag zu Worms.

Briefmarke zu 80 Cent: Carolus Gulden, Margarethe von Österreich, Krönung Karls V.

Zierstück in der Mitte: Isabella von Portugal, Dom zu Regensburg, Karl V. mit Dogge, Ansicht der Stadt Gent, Maria von Ungarn.

Briefmarke zu 80 Cent: Karte der Niederlande, Karl V. nach der Schlacht bei Mühlberg, Margarethe von Parma.

Zierstück rechts: Rathaus zu Augsburg, Philipp II. und Abdankung Karls V.

Sonderbriefmarke Deutschland 7.4.2016, Michel Nr. 3227, „Schätze aus Deutschen Museen", Tizians „Karl V.", Alte Pinakothek München.

Sonderstempel aus Mühlberg/Elbe von 2016 zum Erscheinen der Sondermarke „Karl V."

Sonderbriefmarken Spanien, 1958, 400. Todestag von König Carlos I., Michel Nr. 1121 bis 1128, Jugendbildnis Karls V., Ausschnitt aus Tizians „Sieger von Mühlberg", Büste Karls V. nach Leone Leoni und Ausschnitt aus dem sitzenden Bildnis Karls V. von Tizian.

Blockausgabe Österreich 2019

Blockausgabe Luxemburg 2019

Alle Briefmarkenabbildungen eigene Scans des Verfassers.

3. Münzen mit dem Abbild Karls V.

Belgien 1987, 5 ECU Sonderprägung „30 Jahre Römische Verträge"
mit dem Abbild Karls V. nach einem Silbergulden aus Brügge von
1540, Silber, Durchmesser 37 mm.[52]

Spanien 1989, 5 ECU Sonderprägung, Silber, Abbildung „Kaiser
Karl V. nach der Schlacht bei Mühlberg", Durchmesser 42 mm.[53]

---

52   Gerhard Schön, ECU-Katalog. Münzen und Medaillen. Augsburg
1993, S. 16.

Österreich 1992, 100 Schilling Sonderprägung in der Reihe „1000 Jahre Ostarrichi", auf der Vorderseite Karl V., auf der Rückseite Philipp II. und Ferdinand I., Silber, Durchmesser 38 mm.[54]

---

53   Ebd., S. 43.

54   Vgl. Rainer Wohlfeil: Kaiser Karl V. - Vom burgundischen Ritter zum Ahnherrn Österreichs, in: Bildnis und Image. Das Portrait zwischen Intention und Rezeption, hg. von Andreas Köstler und Ernst Seidl, München 1998, S. 163-178.

Und: Günter Schön/Gerhard Schön (Hg.): Kleiner Deutscher Münzkatalog. Von 1871 bis heute. Mit Österreich, Schweiz und Liechtenstein. Regenstauf 2014, S. 542.

Spanien 2000, Silbermünze zu 2000 Pesetas zum 500. Geburtstag Carlos I., Durchmesser 33 mm[55]

Spanien 2006, Silbermünze zu 10 Euro mit dem Bild Carlos I., Durchmesser 40 mm.[56]

---

55   Rainer Wohlfeil, Spaniens Geschichte im Spiegel von Münzen und Banknoten, Hamburg 2010, S. 254.

Belgien 2015, 25 Euro Goldmünze zum 500. Jahrestag des Aufenthalts Karls V. in den Niederlanden, Durchmesser 18 mm.[57]

56   Gerhard Schön: EURO Münzkatalog. Die Münzen der Europäischen Währungsunion 1999-2015, Regenstauf 2015, S. 1083.

57   Bernard Gillard (Hg.): 500 jaar blijde intrede van Karel V. (1515-2015), in: Muntinfo, Het Magazine van de Koninklijke munt van België, Nr. 65, Brüssel, Mai 2015, S. 4.

4. Banknoten mit dem Abbild Karls V.

Spanien 1940, Banknote zu 1000 Pesetas mit dem Abbild Karls V.,
Ausschnitt aus dem Tizian-Gemälde „Karl V. als Sieger von
Mühlberg", Rückseite mit dem Wappen Karls V.[58]

---

58   Rainer Wohlfeil: Spaniens Geschichte im Spiegel von Münzen
und Banknoten, Hamburg 2010, S. 231 und 236.

Spanien 1926, Banknote zu 1000 Pesetas mit dem Abbild Karls V., Rückseite mit dem Eingang zum Alcazar von Toledo.[59]

---

59   Ebd., S. 206 und 212.